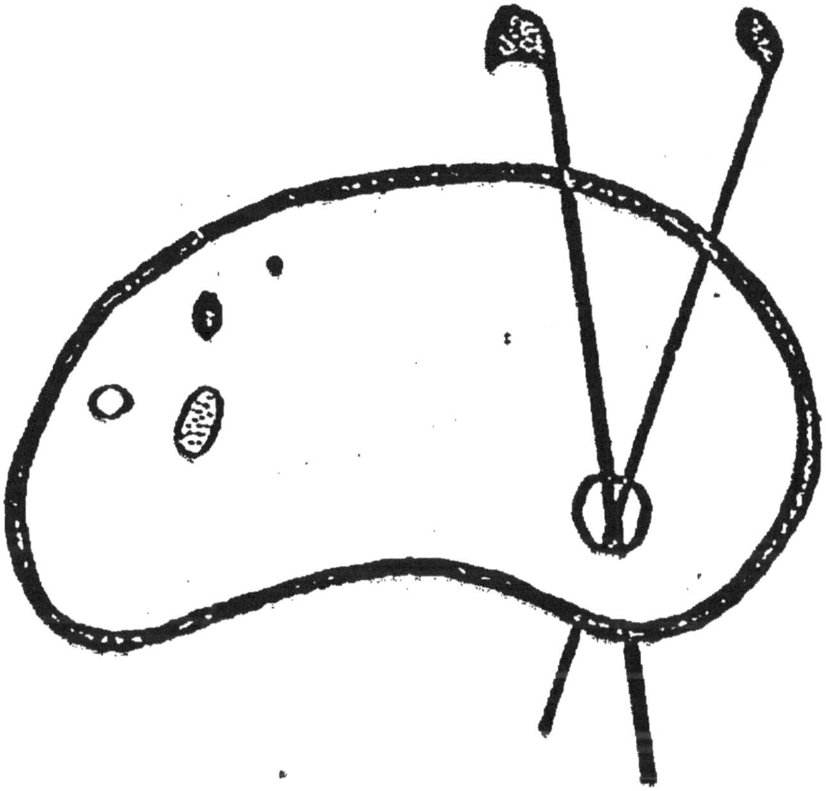

DEBUT D'UNE SERIE DE DOCUMENTS
EN COULEUR

FACULTÉS
DES
LETTRES D'AIX ET DES SCIENCES DE MARSEILLE

CHAIRE DÉPARTEMENTALE
D'HISTOIRE DE PROVENCE

Leçon d'Ouverture

PAR

M. Michel CLERC

PROFESSEUR

MARSEILLE
TYPOGRAPHIE ET LITHOGRAPHIE BARTHELET ET Cie
19, Rue Venture, 19

1895

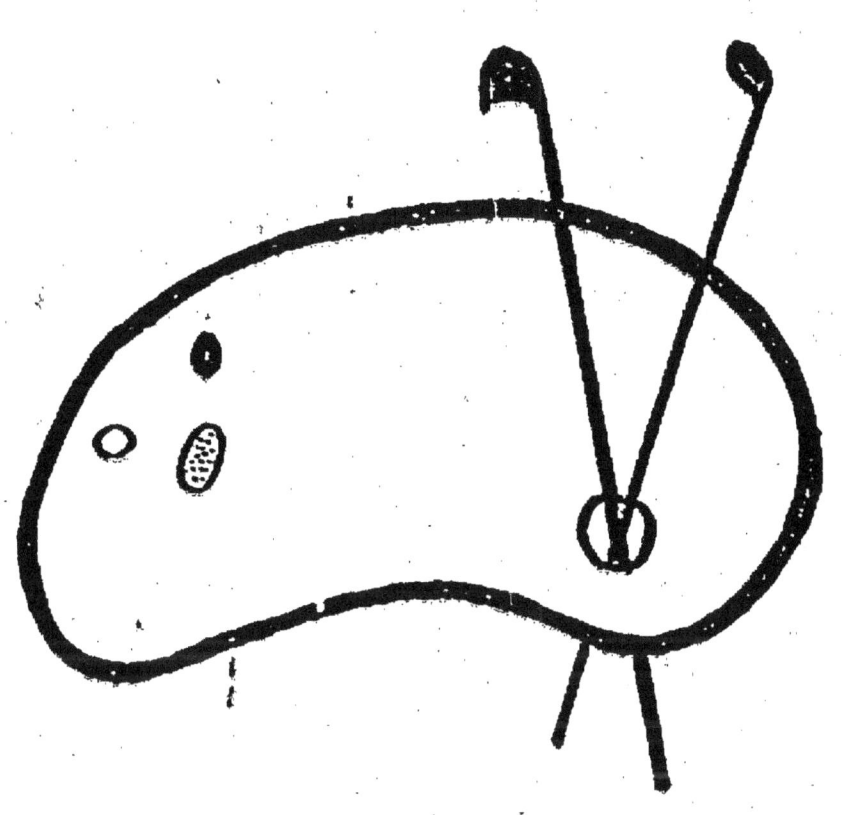

FIN D'UNE SERIE DE DOCUMENTS EN COULEUR

LK2
4190

FACULTÉS
DES
LETTRES D'AIX ET DES SCIENCES DE MARSEILLE

CHAIRE DÉPARTEMENTALE
D'HISTOIRE DE PROVENCE

Leçon d'Ouverture

PAR
M. Michel CLERC
PROFESSEUR

MARSEILLE
TYPOGRAPHIE ET LITHOGRAPHIE BARTHELET ET Cie
19, Rue Venture, 19

1895

Mesdames,

Messieurs,

Lorsque je commençai l'an dernier — à titre provisoire et exceptionnel et grâce à la bienveillance d'un collègue qui m'avait confié le soin de le suppléer — à vous entretenir de l'Histoire de la Provence dans les temps anciens, je n'espérais pas que cet enseignement pût prendre si tôt place parmi les enseignements réguliers de la Faculté. Et en effet il a fallu, pour arriver en quelques mois à ce résultat, un concours de bonnes volontés tel que nous n'aurions osé l'espérer, et qui est bien de nature vraiment à nous faire concevoir les plus hautes espérances sur l'avenir de l'enseignement supérieur dans notre région provençale.

Aussi me permettrez-vous, Messieurs, avant d'entrer dans mon sujet, d'adresser à tous ceux qui ont contribué à la création de la Chaire d'Histoire de Provence mes remerciements, et surtout — car ici ma personne n'est rien et l'œuvre seule importe —

les remerciements de la Faculté et ceux de l'organe commun de nos quatre établissements d'enseignement supérieur, le Conseil Général des Facultés, dont j'ai l'honneur de faire partie.

Ces remerciements, nous les adresserons tout d'abord à Monsieur le Ministre de l'Instruction publique. Dans un discours récent, que n'oubliera aucun de ceux qui l'ont entendu, M. Georges Leygues, après avoir retracé à grands traits l'histoire de l'enseignement supérieur en France depuis vingt ans, concluait en montrant à tous le but ardemment désiré, but éloigné encore, déjà visible pourtant. Et il promettait toute sa sympathie et tout son concours personnel à l'œuvre entreprise depuis vingt ans par le gouvernement de la République, c'est-à-dire à la rénovation de l'enseignement supérieur en province par la transformation des Facultés mort-nées de l'Université napoléonienne en grands corps vivants et agissants, à qui nulle branche du savoir humain ne serait étrangère, et qui seraient pour la nation autant de centres féconds d'activité scientifique.

Ces promesses, M. le Ministre a déjà eu plusieurs fois, depuis qu'il est investi de ces hautes fonctions, l'occasion de les tenir, et il n'y a pas failli. Et dès la première heure, nous avons été assurés, nous aussi, non-seulement de ses bonnes dispositions, mais de son concours effectif. Ai-je besoin d'ajouter, Messieurs, qu'en cette occasion comme en tant d'autres, nous avons à associer à M. le Ministre, dans nos remerciements, le premier de ses collaborateurs, M. le Directeur de l'Enseignement supérieur Louis Liard, qui s'est empressé d'appliquer en notre faveur ce qui semble être sa maxime favorite : Aide-toi et l'État t'aidera. Enfin je tiens aussi à envoyer l'expression publique de notre gratitude à M. Ernest Lavisse, qui, délégué l'an dernier pour inspecter la Faculté et mis alors au courant de nos projets, a bien voulu les appuyer de sa haute et légitime autorité. Il m'est d'autant plus doux de m'acquitter de ce devoir, que j'ai envers M. Ernest Lavisse une dette toute particulière de reconnaissance : celle de l'élève envers le maître qui le premier l'a initié à la sévère méthode de l'histoire telle que nous la comprenons aujourd'hui.

Néanmoins, Messieurs, toute cette bonne volonté des pouvoirs publics serait restée vaine, si les pouvoirs locaux n'avaient apporté à l'œuvre le concours le plus actif et le plus zélé. C'est avec un véritable plaisir que je me fais auprès du Conseil Général des Bouches-du-Rhône l'interprète de la Faculté, pour le remercier de la libéralité dont il ne cesse de faire preuve envers l'enseignement supérieur. Non content de subventionner déjà à la Faculté de Droit un cours de Droit musulman et à la Faculté des Lettres un cours de Langue et littérature provençales bien connu de beaucoup d'entre vous, le Conseil Général a, dans sa dernière session, créé à la fois deux chaires magistrales, l'une de Botanique appliquée, l'autre d'Histoire de Provence, donnant ainsi un exemple peu commun d'intelligence des besoins scientifiques d'une grande démocratie comme la nôtre. Si à toutes ces créations on ajoute la fondation d'une chaire de Physique industrielle, faite il y a quelques mois par le Conseil Municipal de Marseille, on reconnaîtra qu'il y a peu de régions en France où l'enseignement supérieur trouve auprès des corps élus autant d'encouragement efficace et d'appui sûr et désintéressé. Et je me reprocherais de ne pas ajouter combien nous avons été touchés de l'accord unanime, au sein du Conseil Général, des représentants de tous les points du département : sur cette question, comme sur toutes celles qui touchent aux intérêts de la science, nulle divergence ne s'est fait jour, et à peine l'affaire a-t-elle été engagée, que le succès en a été assuré.

Quant à mes collègues de la Faculté, dont le vœu unanime a été d'un grand poids auprès des pouvoirs publics et des pouvoirs locaux, ils me permettront de leur adresser personnellement à tous, et plus particulièrement à M. le Doyen honoraire Guibal et à M. le Doyen Ducros, mes plus affectueux remerciements. C'est grâce à l'obligeance et au désintéressement de M. Guibal que j'ai pu, l'an dernier, tracer les premiers linéaments de ce cours et y intéresser tant de bonnes volontés. C'est grâce à l'infatigable activité et, je puis bien le dire, à la chaude amitié de M. Ducros, qui a pris pour lui toutes les démarches à faire, ne m'en laissant que le profit, que nous avons pu mener à bonne fin l'œuvre entreprise.

Enfin, Messieurs, je serais véritablement ingrat si j'oubliais de vous remercier, vous aussi, de l'attention bienveillante et soutenue que vous avez bien voulu m'accorder dès mes débuts et qui ne s'est jamais démentie depuis ; de la sympathie dont vous m'avez enveloppé d'une façon si visible et si encourageante; en un mot, de la part essentielle que vous avez prise à la fondation de cette chaire, en lui assurant, ce qui est la première des conditions, un auditoire nombreux et éclairé.

Et maintenant, Messieurs, que je me suis acquitté de mon mieux de cette première partie de ma tâche, je voudrais employer cette première leçon, d'une part à vous indiquer d'une façon plus précise le but que nous nous sommes proposé en demandant la création de cette chaire et les résultats que nous espérons en retirer, et d'autre part à tracer les grandes lignes et à marquer les principales étapes de la longue route qui s'ouvre devant nous.

Il n'y a pas bien longtemps, Messieurs, que l'enseignement des histoires locales a été inauguré dans nos Facultés : on peut même fixer à cette innovation une date précise, l'année 1877, où fut créée près la Faculté des Lettres de Bordeaux une conférence "d'Histoire et de Langues du Midi de la France" (1). Certes, nos érudits de province n'avaient pas attendu jusque là pour publier sur l'histoire et l'archéologie nationales des travaux souvent considérables. Seulement il semblait qu'il y eût, entre les savants qui s'occupaient d'histoire locale d'une part, et d'autre part les professeurs chargés de l'enseignement public, officiel, des Facultés, je ne sais quelle barrière infranchissable, et cela au grand détriment des uns et des autres. On

---

(1) Voir l'intéressant article de M. A. Luchaire, dans la *Revue internationale de l'Enseignement* du 15 juin 1892.

eût dit que les Facultés craignissent en quelque sorte de déchoir si, renonçant aux cadres classiques de l'enseignement historique : Antiquité, Moyen-Age, Temps modernes, elles ouvraient leurs portes à des enseignements qui n'eussent pas ce caractère de généralité. Et pourtant l'histoire, et l'histoire détaillée des provinces et des villes n'est-elle pas la base indispensable de l'histoire nationale ? N'est-il pas vain de tenter la synthèse de l'histoire de France, tant qu'on n'aura pas pour l'étayer une masse compacte de monographies locales ? Et si nous sommes encore si ignorants de nos institutions nationales, même de celles du siècle que nous nous figurons le mieux connaître, le XVIIe siècle, n'est-ce pas que les généralisations faites trop tôt reposent sur un trop petit nombre d'études et de comparaisons ? Il n'est pas besoin, je pense, d'insister plus longuement sur ce point, et au besoin l'exemple de l'Allemagne suffirait pour nous convaincre. Ce n'est que grâce à l'infatigable activité d'une légion de savants voués à l'histoire locale qu'ont pu naître les ouvrages d'ensemble si considérables qui nous retracent tout le développement constitutionnel de la vieille Allemagne, véritables monuments scientifiques auxquels nous n'avons encore rien à comparer en France.

Aujourd'hui les choses ont bien changé, et les Facultés ne croient plus déroger en faisant une large place aux études de linguistique, d'histoire et d'archéologie locales. Dans certaines Facultés, c'est le professeur chargé du cours d'histoire générale qui consacre de temps en temps une année à l'étude de l'histoire et des institutions locales : c'est ce que l'on a vu à Besançon et ici même, où M. Guibal a professé devant vous les belles leçons d'où sont sorties ensuite les deux volumes sur Mirabeau et la Provence. Ailleurs, à Clermont, à Lille, à Poitiers, à Rennes, des cours ou des conférences ont été institués à frais communs entre l'Etat et les villes. Ailleurs enfin, à Bordeaux, Nancy et Toulouse, auxquelles il faut joindre maintenant Aix, ce sont des chaires magistrales qui ont été créées, assurant ainsi dans chacune de ces Facultés la durée de l'enseignement nouveau. Vous remarquerez en passant, Messieurs, que le Midi de la France a pris la part principale au mouvement : Bordeaux avec deux chaires, l'une "d'Histoire de Bordeaux et du Sud-Ouest de la France", l'autre de "Langues et littératures du Midi de la France"; — Toulouse également avec deux chaires, l'une "d'Histoire de la France méridionale", l'autre de "Langues et littératures méridionales; — Aix, enfin, avec le cours de "Langue et littérature provençales", et la chaire que j'ai le grand honneur d'inaugurer. En même temps que se créaient tous ces centres d'enseignement, on voyait se fonder des Revues du même caractère, c'est-à-dire où les questions d'érudition locale tenaient une grande place : les "Annales de l'Est" publiées par la Faculté de Nancy; les "Annales du Midi de la France", publiées sous les auspices de la Faculté de Toulouse, auxquelles va s'ajouter bientôt la "Revue des Universités du Midi" publiée en commun par les quatre Universités du sud de la France, qui, sans avoir un caractère aussi exclusivement local, s'ouvrira cependant largement aux études de ce genre.

Mais ce n'est pas tout, et une très heureuse réforme, qui à première vue semble avoir peu de rapport avec le développement des enseignements locaux, va, dans un prochain avenir, assurer aux chaires nouvelles un noyau non plus seulement d'auditeurs, mais de véritables étudiants ; et non pas d'étudiants se bornant à recueillir de la bouche du maître une science toute faite pour la lui servir aux examens, mais d'étudiants travaillant librement, sous la direction de ce maître, à un sujet choisi par eux, en un mot faisant pour leur part avancer la science. Tel est le but du "Diplôme d'études supérieures d'histoire et de géographie" institué par un arrêté du 28 juillet 1894. La principale épreuve de l'examen consistera en une thèse d'histoire ou de géographie sur un sujet choisi par le candidat et agréé par le professeur. C'est-à-dire que ce diplôme, avec son titre modeste, aura largement la valeur scientifique du doctorat des Universités allemandes.

Eh bien ! Messieurs, il ne me paraît pas douteux que bon nombre des candidats à ce diplôme, déjà pourvus du grade de licenciés, et par conséquent suffisamment initiés à l'histoire et à la géographie générales, iront chercher dans l'histoire ou la géographie locales le sujet de leur thèse. Et nous verrons ainsi se former peu à peu autour de chacune des chaires magistrales ce que les Allemands appellent d'une façon un peu pédantesque un "séminaire", ce que nous appelons plus simplement une conférence, c'est-à-dire un petit groupe de travailleurs se livrant, non plus à la fastidieuse besogne d'une préparation de matières d'examen toujours les mêmes pour tous, mais suivant au contraire chacun leur goût particulier, et se partageant la besogne à leur gré. Ils trouveront, en s'adonnant à l'histoire régionale, ce grand avantage d'avoir facilement sous la main toutes les sources de leur sujet, et ils rendront à la science un plus grand service en élucidant une fois pour toutes même un mince problème d'histoire locale, qu'en ressassant une fois de plus des matières trop vastes pour être embrassées en entier, ou pour lesquelles les documents nécessaires leur feraient défaut.

Vous avouerai-je enfin, Messieurs, que la création des enseignements régionaux me paraît comporter encore des conséquences d'une autre nature, d'un ordre plus pratique si l'on veut, mais qui en dernière analyse tendent au même but, à savoir le progrès de la science ?

J'ai fait allusion tout à l'heure à la tâche entreprise depuis une vingtaine d'années et poursuivie d'un commun accord par le pouvoir central et les Facultés elles-mêmes, à savoir l'union des Facultés isolées et désunies de chacun de nos ressorts académiques, leur fusion en un corps unique, une Université. Ce système d'enseignement supérieur, Messieurs, c'est nous, c'est la France qui l'a créé autrefois, et toutes les autres nations l'ont trouvé si excellent qu'elles se sont empressées de l'adopter. Seulement, tandis qu'elles le gardaient soigneusement jusqu'à nos jours, se bornant à le développer et à le perfectionner, nous, suivant notre néfaste habitude, nous l'avons laissé dépérir, jusqu'à ce qu'un gouvernement despotique, inquiet même d'une ombre d'indépendance, l'ait remplacé par ce régime bâtard sous lequel nous vivons depuis près d'un siècle. De sorte qu'aujourd'hui nous sommes forcés de réédifier à grand peine le monument abattu depuis si longtemps, et de paraître emprunter à l'Allemagne et à l'Angleterre ce qui est en réalité une de nos plus vieilles traditions nationales. Quand y réussirons-nous ? C'est ce que personne ne peut dire encore ; cependant, d'après certains indices, le but paraît se rapprocher et peut-être ne s'écoulera-t-il plus beaucoup d'années avant la réalisation de nos espérances. Ce qui est certain, c'est que personne n'abandonnera la lutte, et nous, Messieurs, moins que d'autres. Quelle que soit la teneur du projet idéal qui ralliera enfin sur ce point tous les suffrages, nous ferons tous nos efforts pour ne pas nous laisser oublier lorsqu'il s'agira de constituer les futures Universités. Et notre meilleur argument à ce moment, ce sera, n'en doutez pas, les trois chaires magistrales et les deux cours que j'énumérais tout à l'heure, tous enseignements d'ordre régional ou pratique, et dus tous à l'intelligente libéralité des pouvoirs locaux.

Ces quelques explications sur le caractère et l'avenir du nouvel enseignement que j'inaugure aujourd'hui, j'ai cru, Messieurs, qu'il était de mon devoir de vous les donner. J'ai pensé que ce ne serait pas sortir de mon sujet, et que le meilleur moyen de me mettre en communication intime avec mes auditeurs était de leur exposer et de tâcher de leur faire partager nos vues et nos espérances.

Quant à cette histoire de la Provence qui va désormais faire partie de l'enseignement régulier de la

Faculté, ce n'est pas à vous, Messieurs, qu'il est nécessaire d'en montrer l'utilité et l'intérêt. Je me bornerai à vous dire que, de toutes nos anciennes provinces françaises, il n'en est aucune dont l'histoire soit aussi variée, même, il faut bien le dire, aussi compliquée, c'est-à-dire en somme aussi vivante. Habitée avant les premières lueurs de l'histoire par ces populations innommées dont les grottes de Menton et les allées couvertes des environs d'Arles nous ont révélé l'existence, occupée ensuite par la mystérieuse race des Ibères, puis par les Ligures, visitée par les Phéniciens, elle est, par la fondation de Marseille et la colonisation grecque, entrée dans l'histoire alors que le reste de la future France était encore plongé dans une obscurité profonde. A partir de ce moment, son rôle n'a cessé d'être des plus actifs : soumise, par sa situation géographique, aux influences extérieures les plus diverses, elle s'est trouvée mêlée intimement à la vie et aux révolutions des contrées voisines. Entrée de bonne heure dans l'orbite de l'empire romain, elle a vécu longtemps d'une vie double, grecque par Marseille et ses colonies, romaine par les colonies de Rome. Puis vinrent les invasions des Barbares du Nord, qui ne fondèrent, les Ostrogoths comme les Visigoths, qu'une domination éphémère ; les partages, bizarres et peu durables aussi, entre les fils et les successeurs de Clovis, et avant même la fin de la dynastie mérovingienne, la Provence voit apparaître sur ses côtes un envahisseur nouveau, les Arabes, qui, déjà maîtres de l'Espagne, s'emparent au commencement du viiie siècle d'une partie du Languedoc et semblent un moment destinés à conquérir la France entière. La vaillance de Charles Martel écarte à jamais ce danger; mais longtemps encore la Provence aura à souffrir de ce dangereux voisinage, et quantité de légendes, terribles ou touchantes, montrent aujourd'hui encore quelle profonde impression produisirent sur nos ancêtres ces hordes venues de l'Orient.

Après Charlemagne et sa grandiose et vaine tentative de reconstitution de l'Empire d'Occident, la Provence fait partie du grand royaume de Bourgogne, tourné plutôt du côté de l'Italie et de l'Allemagne que du côté de la France. Mais bientôt on y voit éclater cet esprit de particularisme qui, il est bien vrai, est la marque générale de ce temps, mais qui caractérisera encore la Provence bien longtemps après que la plupart des autres provinces françaises auront perdu leur physionomie propre.

Dès 879 la Provence se donne un roi particulier, avec la dynastie des Bosons; et dès lors, bien qu'elle ait été à plusieurs reprises encore annexée à d'autres Etats plus vastes, elle ne cesse d'avoir ses comtes particuliers. C'est sous cette condition qu'elle fait partie au xe siècle du royaume d'Arles, puis, jusqu'au xve siècle, du Saint Empire Romain Germanique. En réalité, elle a une existence politique indépendante, aussi bien sous la dynastie des Bérengers, de la maison de Barcelone, que sous les princes de la maison d'Anjou. Enfin c'est lors de l'extinction de cette dernière maison que l'habile politique de Louis XI parvient à rattacher à la couronne de France la province qui dès lors en est un des plus beaux fleurons, et qui moins de cinquante ans après montrait à quel point elle était française, en repoussant victorieusement les armées de cet Empire germanique dont elle avait si longtemps fait partie de nom.

Vous voyez, Messieurs, par ces indications sommaires, quelles multiples influences se sont exercées sur notre pays et combien sont complexes les relations qu'il a entretenues avec les Etats voisins. De là même vient le grand intérêt de son histoire : cette histoire provinciale est la moins étroite, la moins étriquée des histoires provinciales ; à tout moment elle touche à l'histoire générale de la France et de l'Europe occidentale, sans parler des relations commerciales, si intéressantes, de Marseille avec le Levant.

Néanmoins le caractère vraiment essentiel de l'histoire de la Provence n'est pas encore là. Il est bien plutôt dans la persistance invincible de l'influence exercée par un des éléments de sa population ancienne, l'élément romain. Rome a marqué le pays d'une empreinte si forte que, bien des siècles après la disparition de l'empire, la langue, les institutions, les mœurs et les arts s'en ressentaient encore. On peut regretter que la conquête romaine ait ainsi arrêté chez nous le développement de l'hellénisme, et que le génie plus aimable de la Grèce ait dû céder le pas au génie plus austère de Rome. Mais en histoire les regrets ne servent de rien, et d'ailleurs les annales de la Provence romaine nous offriront d'assez belles pages pour nous dédommager de ce que nous avons perdu par la faute du destin.

Cette influence romaine, Messieurs, elle se manifeste en Provence partout, pendant le moyen-âge. Sans même parler de la langue, qui restera toujours bien plus rapprochée de la langue mère, le latin, que le français du nord, l'intensité de la vie municipale dans les villes provençales, toutes gardiennes jalouses de leurs franchises, n'est que la conséquence de traditions enracinées depuis les temps de l'empire romain, où cette vie municipale avait pris un si grand développement. De même, à un point de vue différent, les monuments superbes dont Rome a couvert le pays imposeront tellement leurs formes aux imaginations que seule une architecture dérivée de l'architecture romaine, l'architecture « romane » pourra s'y développer, et que jamais l'art des peuples du nord, l'architecture gothique, ne pourra s'y implanter sérieusement. Et encore les édifices romans de la Provence seront-ils plus imprégnés que ceux des autres contrées de formes, de réminiscences de l'art romain. Je pourrais multiplier ces exemples, s'il en était besoin ; mais à quoi bon ? et ne suffit-il pas, pour nous avertir que nous sommes ici en plein pays romain, de ce nom même de « Provence », si caractéristique ? Ce qu'il veut dire en effet, c'est que de toutes les provinces de l'empire romain, celle-là était la province par excellence, non une terre étrangère, ayant besoin d'une désignation géographique particulière, mais une annexe, un prolongement de Rome et de l'Italie mêmes.

La période antique a donc, Messieurs, dans l'histoire de notre pays une importance capitale, et vous ne vous étonnerez pas si je m'y arrête longtemps. Et, à ce propos, je voudrais vous dire comment je conçois le rôle du professeur dans une chaire de la nature de celle-ci, surtout le rôle du professeur inaugurant cet enseignement. Il y a deux méthodes possibles : étudier chaque année séparément, sans souci de l'ordre chronologique, une période quelconque, choisie parmi les plus intéressantes; ou bien suivre l'ordre chronologique, et avancer pas à pas, régulièrement, depuis les temps les plus reculés jusqu'à nos jours.

C'est cette seconde méthode que j'ai choisie, sans me dissimuler un instant, Messieurs, que c'est une carrière immense qui s'ouvre ainsi devant nous, et sans avoir l'ambition ni l'espoir de la parcourir jamais en entier. Et la raison qui a dicté mon choix est précisément cette importance hors ligne de la période antique dans notre pays. Outre l'intérêt qu'elle offre par elle-même, elle seule peut nous donner la clef d'une foule d'institutions et de coutumes postérieures, dont l'origine est purement romaine. Et enfin il se trouve que cette période est loin d'avoir été étudiée à fond, et que, depuis la publication du grand recueil des inscriptions de la Gaule Narbonnaise, nous disposons vraisemblablement à peu près de tous les matériaux dont on disposera jamais. Voilà bien des raisons faites pour tenter un historien. J'en ajouterai une dernière : beaucoup plus familiarisé par mes études antérieures avec l'antiquité classique qu'avec le moyen-âge et les temps modernes, j'ai tout intérêt, et vous aussi, à retarder le moment où nous aborderons cette période si difficile et si compliquée du moyen-âge. Et j'espère toujours que d'ici là les savants éminents qui ont publié sur cette période de si excellents travaux de détail, se décideront à nous donner quelque ouvrage d'ensemble dont nous profiterions tous. Qui serait en effet mieux désigné pour nous retracer l'histoire politique et sociale de la Provence du moyen-âge et moderne que M. Louis Blancard, Archiviste en chef du département? pour l'histoire religieuse, que M. l'Abbé Albanès? pour l'histoire monétaire, que M. Laugier, Conservateur du Cabinet des médailles de Marseille? Un ouvrage d'ensemble dû à la collaboration de ces trois savants constituerait un monument tel que peu de nos provinces pourraient en élever un semblable à la gloire de leur histoire locale.

Cette période antique, Messieurs, se divise d'elle-même en trois périodes nettement distinctes: l'une que l'on peut appeler la période barbare, antérieure à l'arrivée des Grecs de Phocée. C'est celle dont j'ai eu l'honneur de vous entretenir l'an passé, assez brièvement, comme il convient pour des temps aussi lointains, pour lesquels l'histoire proprement dite n'existe à peu près pas, et sur lesquels la linguistique et l'archéologie seules jettent quelques lueurs bien insuffisantes. La deuxième période est la période grecque, qui s'ouvre par la fondation de Marseille. Seulement, s'il est facile d'assigner une date précise au début de cette période, il est à peu près impossible de lui assigner une fin. Nous verrons en effet que l'influence grecque ne disparaît en Provence ni dès l'arrivée des Romains, ni lors de la formation de la province romaine, ni même après le siège et la prise de Marseille par l'armée de César; qu'en plein Empire romain, Marseille reste une ville grecque, on pourrait presque dire la nouvelle capitale de l'hellénisme, ou, comme on l'appelle souvent alors, la nouvelle Athènes. Mais à côté de Marseille se sont élevées alors et se développent de plus en plus des villes toutes romaines, Arles, Orange, Vienne, Nîmes, Narbonne, Fréjus, qui achèvent de conquérir à la civilisation romaine la province qui semblait promise d'abord à la civilisation grecque. On ne peut donc faire le départ entre les deux périodes d'une façon précise. Cependant, si l'on considère que la prise de Marseille par César met fin en réalité à son indépendance politique, on peut clore à cette date l'histoire de la Provence grecque. Ce qui subsiste sous l'Empire romain, c'est l'histoire de l'influence grecque, de l'hellénisme, qui survit encore durant des siècles.

La période romaine, Messieurs, offre beaucoup plus de ressources à l'historien que la période grecque. Pour cette dernière, les auteurs anciens abondent malheureusement plus en éloges sur la beauté de Marseille et l'excellence de sa constitution politique qu'en détails précis sur l'une et sur l'autre. Quant aux documents épigraphiques, la centaine d'inscriptions grecques trouvées sur notre sol est un bien maigre butin à côté des six mille numéros du grand recueil des inscriptions latines de la Gaule Narbonnaise.

De plus, l'histoire de la Provence grecque se réduit à peu près à l'histoire de Marseille. La Provence romaine au contraire nous offre, outre les villes que je vous énumérais tout à l'heure, bien d'autres encore, dont les auteurs et les inscriptions permettent de reconstituer la physionomie propre (car elles ne se ressemblaient nullement) et de faire la monographie. De sorte que ce n'est pas seulement l'histoire de la domination romaine dans la Gaule Narbonnaise que nous aurons à retracer : c'est encore et surtout la vie particulière des nombreuses cités qui ont vécu et prospéré pendant des siècles à l'ombre de cette domination. Et à ce propos, il faut que je vous prévienne (j'aurais peut-être dû le faire plus tôt), que notre Provence moderne est loin d'égaler en étendue la Provincia des Romains. Celle-ci en effet, au temps de sa plus grande extension, (car du temps des Romains mêmes ses limites ont varié) renfermait tout l'espace compris entre les Alpes, le lac Léman, la courbe du Rhône, les Cévennes et le cours supérieur de la Garonne. Autrement dit, Vienne et Grenoble en Dauphiné, en Languedoc Toulouse et Narbonne lui appartenaient, et c'est même de cette dernière ville, devenue la capitale de la Province, qu'elle avait tiré son nom définitif de Gaule Narbonnaise. Nous avons donc le droit de revendiquer comme nôtre, dans le domaine de l'histoire, tout ce vaste territoire sur lequel Rome avait mis son empreinte si fortement, que pendant bien longtemps, seul il passa à ses yeux pour la partie civilisée de la Gaule, tout le reste étant encore à demi barbare et ne se romanisant que lentement.

Telle est, Messieurs, l'étendue, telles sont les limites de la tâche que nous allons entreprendre à partir de cette année, à savoir l'histoire du sud-est de la France dans l'antiquité, depuis la fondation de Marseille jusqu'à la chute de l'Empire romain et aux invasions des Barbares. Pour cette année, je voudrais ne vous entretenir que de la Provence grecque seule, c'est-à-dire des colonies fondées par les Grecs sur les côtes de Provence au sixième siècle avant notre ère. Et c'est surtout Marseille que j'essaierai de faire revivre sous vos yeux, d'abord la Marseille des premiers siècles, puissante cité maritime couvrant la côte de ses comptoirs et rivalisant avec Carthage ; puis l'alliée et l'amie fidèle de Rome, et continuant de prospérer grâce à cette utile amitié jusqu'au jour où imprudemment elle se jettera dans la guerre civile et verra briser sa puissance par César ; et enfin la Marseille de l'Empire, qui a demandé aux lettres et aux arts des compensations pour sa suprématie maritime perdue, et dont l'Université est devenue la rivale de la fameuse Université d'Athènes.

Et je ne me dissimule pas, Messieurs, la difficulté de l'entreprise. Nous n'aurons guère à mettre en œuvre que de misérables matériaux, et ce n'est qu'en étudiant patiemment et dans le détail ces textes mutilés que nous pourrons reconstituer quelques traits au moins de la physionomie de cette grande cité grecque et nous rendre compte de l'influence qu'elle a exercée sur notre pays. Mais l'œuvre vaut la peine qu'on l'entreprenne, et je suis sûr d'avance que vous me pardonnerez d'entrer parfois, lors de mes prochaines leçons, dans de menus détails et dans des discussions quelque peu arides, si je parviens à en faire sortir une image suffisamment nette de Marseille au temps de sa plus grande splendeur, et à ressaisir les principaux traits de la civilisation toute grecque dont notre pays lui a dû pendant des siècles l'inappréciable bienfait.

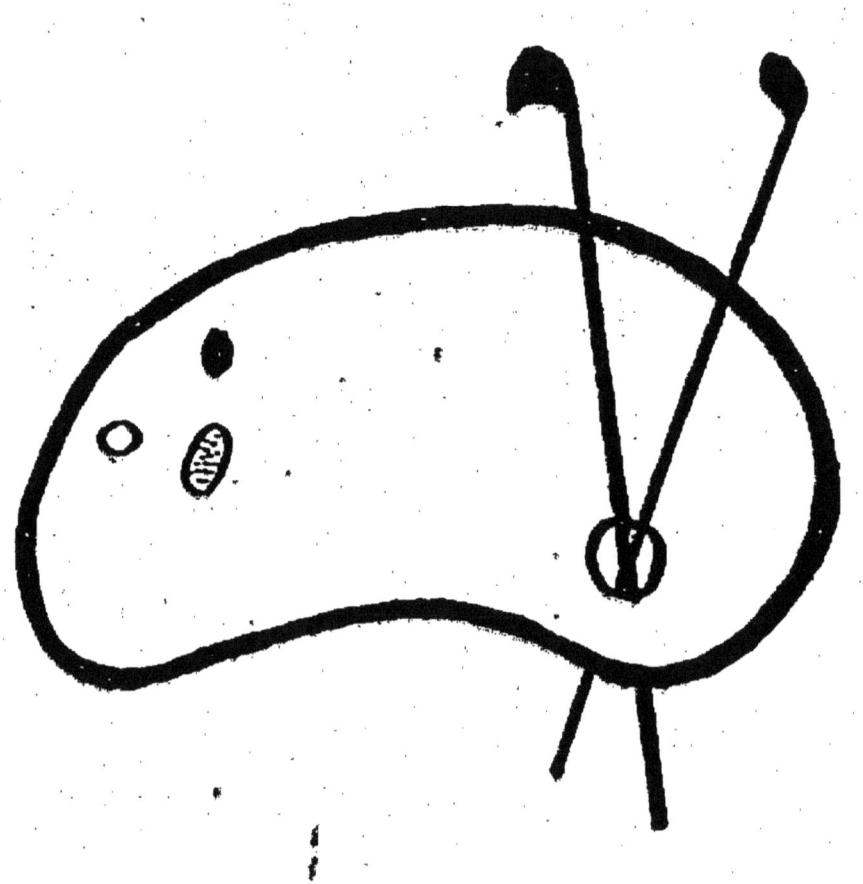

ORIGINAL EN COULEUR
NF Z 43-120-8

www.ingramcontent.com/pod-product-compliance
Lightning Source LLC
Chambersburg PA
CBHW060616050426
42451CB00012B/2285